THE WHEELS
The Friendship Race

LES ROUES
La course de l'amitié

Inna Nusinsky
Illustrations by Michael Jay Roque

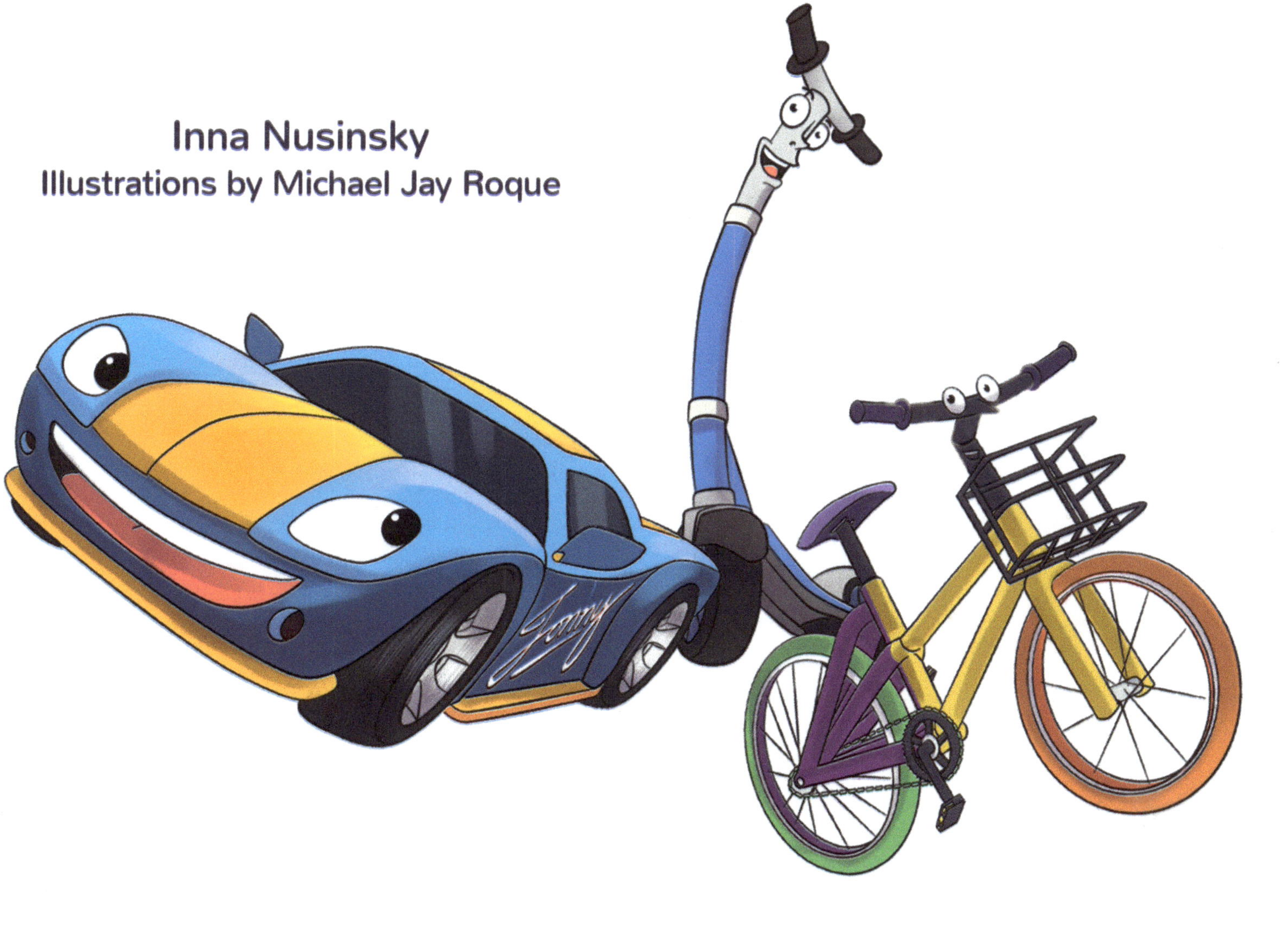

www.kidkiddos.com
Copyright©2015 by S.A.Publishing ©2017 by KidKiddos Books Ltd.
support@kidkiddos.com

All rights reserved. No part of this book may be reproduced in any form or by any electronic or mechanical means, including information storage and retrieval systems, without written permission from the publisher or author, except in the case of a reviewer, who may quote brief passages embodied in critical articles or in a review.
Tous droits réservés. Aucune reproduction de cet ouvrage, même partielle, quelque soit le procédé, impression, photocopie, microfilm ou autre, n'est autorisée sans la permission écrite de l'éditeur.
Second edition, 2019

Translated from English by Sophie Troff
Traduit de l'anglais par Sophie Troff

Library and Archives Canada Cataloguing in Publication
The Wheels: The Friendship race (French Bilingual Edition)
ISBN: 978-1-5259-1676-2 paperback
ISBN: 978-1-77268-851-1 hardcover
ISBN: 978-1-77268-849-8 eBook

Please note that the French and English versions of the story have been written to be as close as possible. However, in some cases they differ in order to accommodate nuances and fluidity of each language.

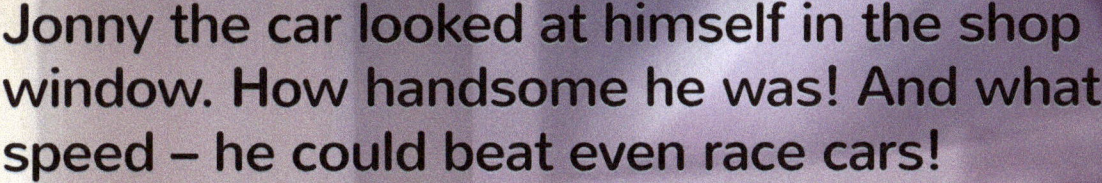

Jonny the car looked at himself in the shop window. How handsome he was! And what speed – he could beat even race cars!

Jonny le bolide admirait son reflet dans la vitrine. Il se trouvait éblouissant ! Et quelle puissance – il pouvait battre n'importe quelle voiture de course.

"I'm the pride of the neighborhood," he yelled.

– Je suis la fierté du quartier, se vantait-il.

Just then, two braking sounds broke his daydream.

À ce moment précis, des bruits de freinage ont perturbé ses douces rêveries.

He saw them reflected in the glass window – his friends Mike the bike and Scott the scooter.

Il a aperçu leurs reflets dans la vitrine : ses copains, Mike le vélo et Scott la trottinette.

"Hey Jonny! What's up?"

– Salut Jonny ! ont dit ses amis. Ça roule ?

"Feeling like a little race today," said Jonny, puffing his tires. "But there's no one I can race with."

– Je me sens d'humeur à faire la course aujourd'hui, a lancé Jonny en faisant crisser ses pneus.

"We can race with you!" exclaimed Mike.
– On peut faire la course avec toi, a proposé Mike, tout excité.

"That's what friends are for!" added Scott.
– Les amis sont là pour ça, a ajouté Scott.

Jonny didn't show much enthusiasm. "Mmm... A champion needs an equal to compete with."
Jonny n'avait pas l'air très enthousiaste.
– Mouais... Un champion ne peut se mesurer qu'avec des adversaires à sa hauteur.

Mike and Scott looked at each other. A cloud passed over their faces.

Mike et Scott se sont regardés. La contrariété a assombri leurs visages.

"Are we not good?" asked Mike.

– Nous ne sommes pas bons ? a demandé Mike.

"Oh, you're good," Jonny made a face in the glass window. "But not good enough."

– Oh, vous êtes bons, a grimacé le reflet de Jonny dans la vitrine, mais pas assez bons.

"Okay, Jonny," said Scott. "We challenge you to a race right now! Let's do Hill Road and see who finishes first."

– Très bien, Jonny, a déclaré Scott. Alors on te met au défi de faire la course avec nous. Maintenant ! On prend tous les trois la route de la Colline et on verra bien qui arrivera le premier.

Jonny considered it with a smirk.

Jonny l'a toisé d'un sourire moqueur.

As they reached Hill Road, the race began.
Ils ont roulé jusqu'à la route de la Colline, marquant le départ de la course.

It started with a steep climb. Jonny roared and in seconds was over the incline.
Elle commençait par une côte raide. Jonny a fait rugir son moteur et, en quelques secondes, il est arrivé en haut.

Mike the bike was already half way... But poor Scott the scooter was huffing and puffing, slowly climbing up.
Mike le vélo était déjà à mi-parcours... mais la pauvre trottinette Scott, à bout de souffle, grimpait péniblement la côte.

Jonny reached the hill and stopped. He looked at the rearview mirror – his friends were far behind.

En haut de la côte, Jonny s'est arrêté. Il a regardé dans le rétroviseur : ses amis étaient loin derrière lui.

He was bored. At least the music on the radio was good! He closed his eyes and started moving to the beat.

Il s'ennuyait. Au moins, la radio passait de la bonne musique ! Il a fermé les yeux et s'est mis à bouger en rythme.

Suddenly, something whirred past him and he jolted his eyes open. There was only smoke. Mike?

Soudain, quelque chose l'a dépassé en trombe. Il n'a vu que de la poussière. Mike ?

Before he could say a word something else went by. Jonny looked through the disappearing smoke—that was Scott racing ahead!

Avant qu'il ait pu réagir, quelque chose d'autre l'avait doublé. La poussière se dissipant, Jonny a scruté la route : c'était Scott qui était devant lui!

No way! Now he panicked. He should win!

Impossible ! Il s'est mis à paniquer. C'est lui qui était censé gagner!

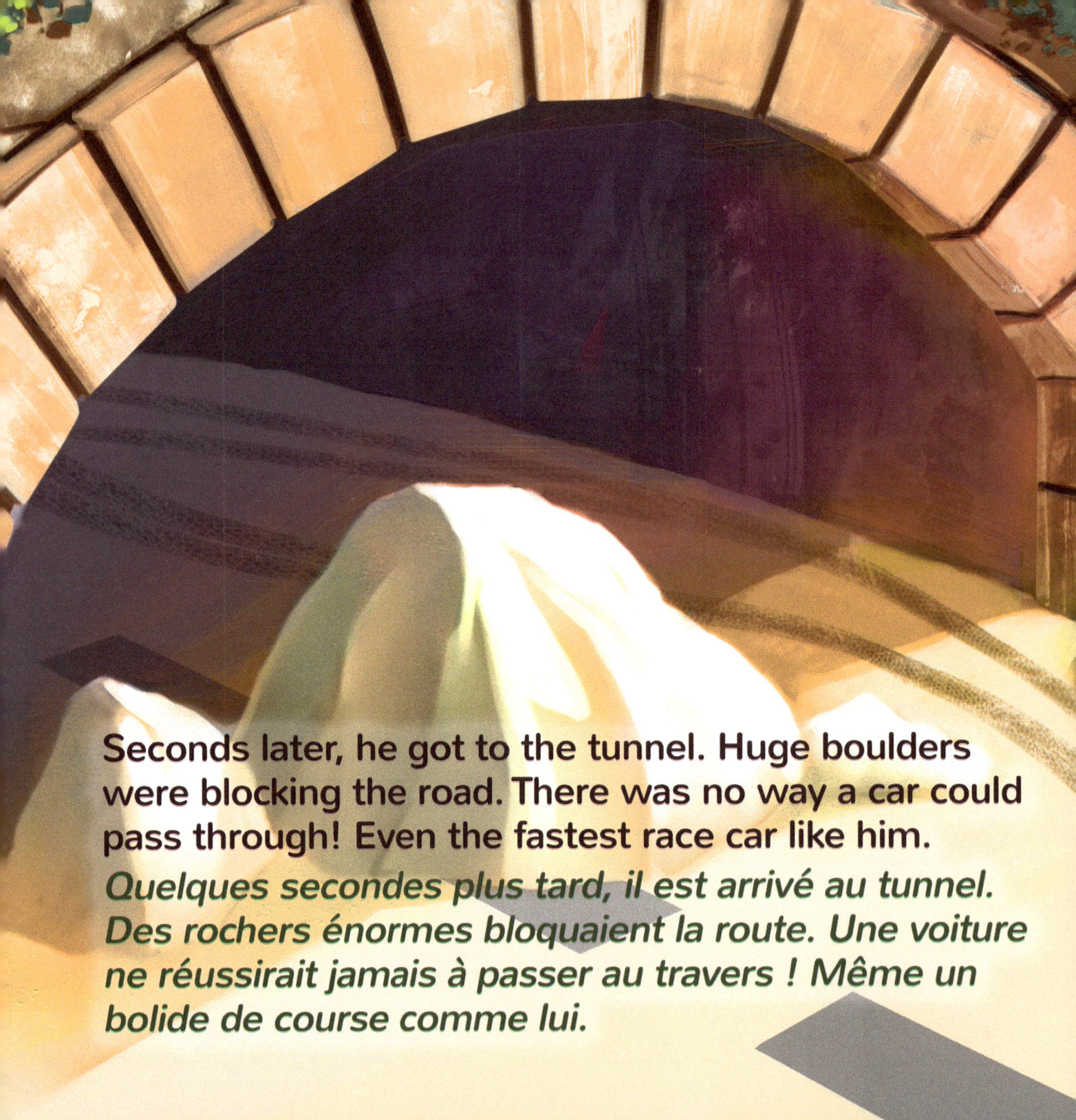

Seconds later, he got to the tunnel. Huge boulders were blocking the road. There was no way a car could pass through! Even the fastest race car like him.

Quelques secondes plus tard, il est arrivé au tunnel. Des rochers énormes bloquaient la route. Une voiture ne réussirait jamais à passer au travers ! Même un bolide de course comme lui.

But then, he saw the tire marks of both Mike and Scott. They had negotiated their way around the stone boulders! Jonny sighed.

C'est alors qu'il a vu les traces des pneus de Mike et Scott. Ils avaient réussi à passer entre les rochers ! Jonny a soupiré.

Meanwhile, Mike came out on the other side of the tunnel. He was leading.

Entre temps, Mike était déjà ressorti du tunnel. Il était en tête.

What kind of a win is that when your friends lose? he thought, stopping for Scott.
À quoi sert la victoire si elle fait perdre mes amis ? a-t-il songé.

In seconds, Scott was next to him.
Quelques secondes plus tard, Scott l'a rejoint. Il lui a demandé :

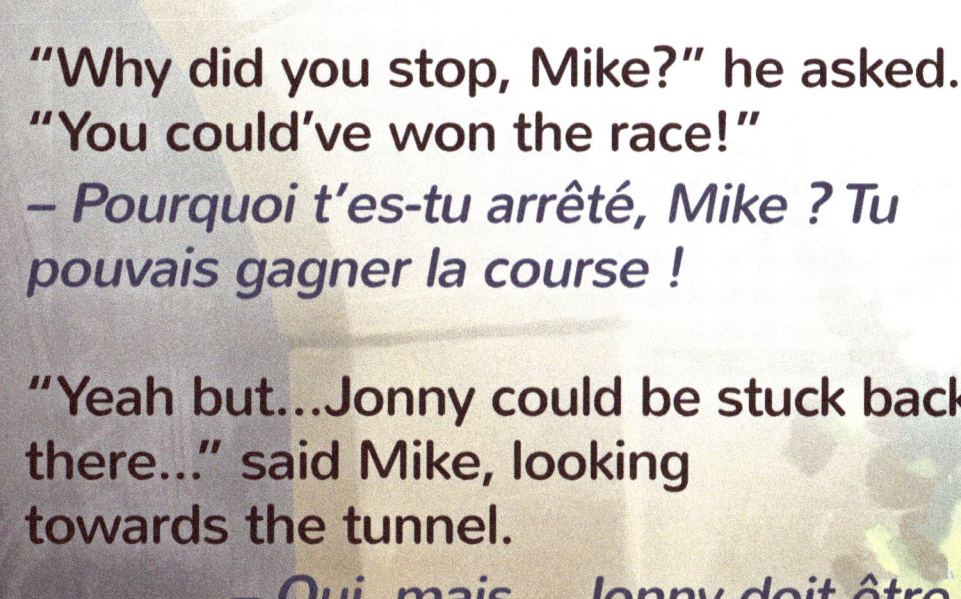

"Why did you stop, Mike?" he asked. "You could've won the race!"
– Pourquoi t'es-tu arrêté, Mike ? Tu pouvais gagner la course !

"Yeah but...Jonny could be stuck back there..." said Mike, looking towards the tunnel.
– Oui, mais... Jonny doit être resté coincé là-bas, a dit Mike en regardant l'entrée du tunnel.

A moment of silence passed by.
Un silence s'est abattu sur eux.

"Shall we go to check up him?" Scott asked.
– Tu veux qu'on aille voir ? a proposé Scott.

A smile formed on Mike's face. "Let's go!" he yelled and turned back.
Un sourire a illuminé le visage de Mike.
– Allons-y ! s'est-il écrié en faisant demi-tour.

At the blocked tunnel, Jonny was sad. Not because he was losing the race but because he was lonely.

Bloqué devant le tunnel, Jonny était triste. Pas parce qu'il était en train de perdre la course, mais parce qu'il était tout seul.

Suddenly he heard a sound of wheels. Those were Scott and Mike!

Soudain, des bruits de roues. C'était Scott et Mike !

"Mike, Let's move these boulders so Jonny can pass," said Scott.
– Mike, il faut qu'on bouge ces rochers pour que Jonny puisse passer, a dit Scott.

The friends started to work together, pushing the rocks out of the way.
Les deux amis ont uni leurs forces pour pousser les rochers hors du passage.

It wasn't easy, but they nudged and nudged and soon there was enough space for Jonny to squeeze through.

Ce n'était pas facile, mais ils ont poussé, poussé, et bientôt ils avaient libéré assez d'espace pour que Jonny se faufile à travers.

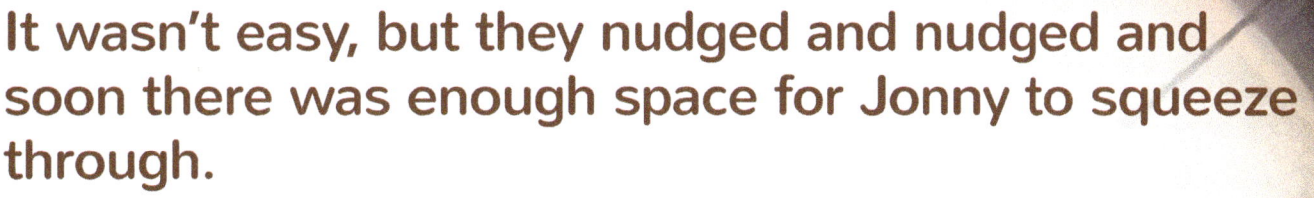

Giggling, they reached the end of Hill Road.
En riant, ils sont arrivés à la fin de la route de la Colline.

"We've won the race—all of us!" exclaimed Mike and Scott.
– On a gagné la course — tous les trois ! se sont exclamés Mike et Scott.

Only Jonny was quiet. "I behaved badly with you," he admitted. "I realized it late, guys that together we can do much more. Thank you, my friends, for helping me understand that!"

Seul Jonny restait silencieux, puis il a dit.
– Je me suis mal conduit avec vous. Mais j'ai réalisé qu'on est plus forts à plusieurs que tout seul. Merci, mes amis, de m'avoir aidé à comprendre ça.

Suddenly, there was applause, cheering for this wonderful bunch of three terrific friends...

Tout à coup, des applaudissements et des acclamations se sont élevés pour saluer ce petit groupe merveilleux de trois amis formidables...

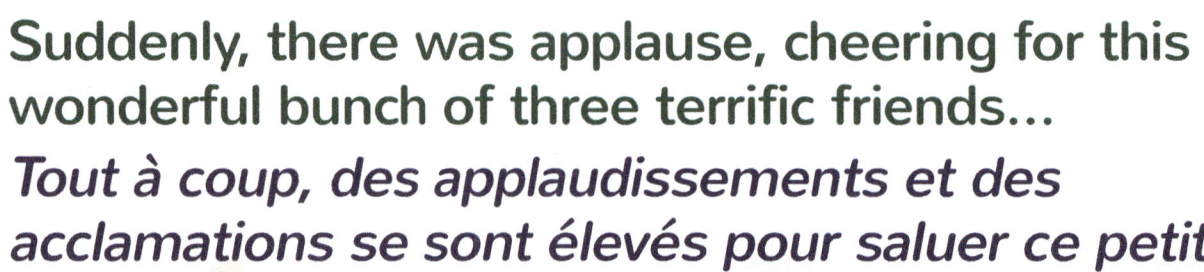

Friends who discovered that none of them was as good as all of them.

Des amis qui avaient découvert qu'aucun d'entre eux n'était aussi fort que les trois ensemble.

www.ingramcontent.com/pod-product-compliance
Lightning Source LLC
Chambersburg PA
CBHW061145070526
44584CB00033B/4427